Nossa Senhora Aparecida

Elam de Almeida Pimentel

Nossa Senhora Aparecida

Novena e ladainha

Petrópolis

Rua Frei Luís, 100
25689-900 Petrópolis, RJ
www.vozes.com.br
Brasil

1ª edição, 2015.

1ª reimpressão, 2017.

Editoração: Gleisse Dias dos Reis Chies
Diagramação: Sheilandre Desenv. Gráfico
Capa: Omar Santos

ISBN 978-85-326-5074-0

Editado conforme o novo acordo ortográfico.

Este livro foi composto e impresso pela Editora Vozes Ltda.

Sumário

1 Apresentação

Nossa Senhora Aparecida, a Padroeira do Brasil, é invocada por devotos em todas as regiões do país e muitas graças são por eles alcançadas.

Esta devoção tem por base uma das aparições de Nossa Senhora mais famosas no Brasil, quando ela se revelou a pescadores na cidade de Aparecida, onde hoje se encontra um santuário a ela dedicado.

Este livrinho contém o surgimento da devoção, sua novena, orações, ladainha e algumas passagens bíblicas, seguidas de uma oração para o pedido da graça especial, acompanhada de um Pai-nosso, uma Ave-Maria, um Glória-ao-Pai e uma jaculatória a Nossa Senhora Aparecida.

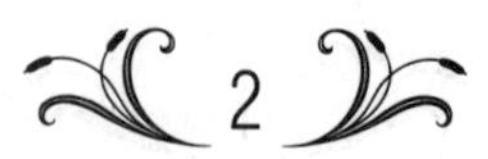

Histórico da devoção a Nossa Senhora Aparecida

Em 1717, o governador das províncias de São Paulo e Minas Gerais, Dom Pedro de Almeida, passou pela Província de Guaratinguetá em direção a Vila Rica, atual cidade de Ouro Preto.

A câmara da cidade ordenou aos pescadores locais que trouxessem todo o peixe que pudessem pescar. Os pescadores Domingos Garcia, João Alves e Filipe Pedroso foram os primeiros a pegar uma canoa e seguiram pelo Rio Paraíba do Sul e lançaram suas redes, nada conseguindo pescar. Chegando próximo ao Porto de Itaguaçu, João Alves lançou sua rede e percebeu que ela havia se prendido em alguma coisa e, ao puxá-la, ficou muito surpreso ao constatar que havia pescado uma imagem, mas sem a cabeça. Lançando as redes outras vezes, uma cabeça foi encontrada e, admirados, os pescadores constataram que a imagem era de Nossa Senhora.

Após este fato, os pescadores conseguiram encher o barco de peixes e isso foi por eles considerado e comentado como um milagre de Nossa Senhora. O pescador Filipe Pedroso era muito religioso e levou a imagem para sua casa, e ela lá permaneceu por 15 anos. As pessoas passaram a se dirigir para o local para rezar lá.

Mais tarde, Atanásio, o filho do pescador, mandou construir um oratório para a imagem que ganhou muitos devotos entre os pescadores e artesãos da região. A devoção à imagem aparecida nas águas cresceu muito. A santa passou a ser conhecida como Nossa Senhora Aparecida e os milagres comentados pelos moradores levaram a fama de Nossa Senhora para outras cidades e, com o aumento do número de devotos, o oratório tornou-se pequeno.

Por volta de 1743, o vigário de Guaratinguetá pediu licença ao bispo para erigir uma capelinha em honra de Nossa Senhora com as doações recebidas dos romeiros. Em 1745, a capela construída no alto do Morro dos Coqueiros, próximo ao trecho do rio onde a imagem foi encontrada, foi aberta ao público. O número de pessoas que vinham de todas as cidades do Brasil aumentou muito e logo foi preciso construir uma igreja maior, hoje conhecida como a Basílica Velha. Uma coroa de ouro e pedras preciosas foi doada à imagem pela Princesa Isabel.

Em 1930, Nossa Senhora Aparecida foi proclamada Padroeira do Brasil, por bula do Papa Pio XI, e seu culto se espalhou muito.

Em 1955, teve início a construção da atual Basílica Nova, chamada oficialmente de Basílica de Aparecida, Santuário Nacional pela Conferência Nacional dos Bispos do Brasil (CNBB).

Em 1984, o Papa João Paulo II rezou, em Aparecida do Norte, a missa de consagração da Basílica Nacional, consagrando o povo brasileiro e o país aos cuidados de Nossa Senhora Aparecida.

O dia da festa comemorativa a Nossa Senhora Aparecida é 12 de outubro.

A iconografia da santa diz respeito a "uma imagem de Nossa Senhora da Conceição preta (a original obra de barro cozido, escurecida pela permanência nas águas do rio), coberta por um manto ornamental grosso e bordado, que cobre a cabeça e seu corpo, deixando ver apenas o rosto e as mãos unidas junto ao peito. Na cabeça, usa geralmente uma coroa imperial".

3 Novena de Nossa Senhora Aparecida

1º dia

Iniciemos com fé este primeiro dia de nossa novena, invocando a presença da Santíssima Trindade: em nome do Pai e do Filho e do Espírito Santo. Amém.

Leitura do Evangelho: Lc 1,28

Entrando onde ela estava, o anjo lhe disse: "Alegra-te, cheia de graça, o Senhor está contigo!"

Reflexão

Maria foi escolhida por Deus e aceitou gerar aquele que é o Salvador da humanidade. Ela foi eleita por Ele. Ela é a estrela que precede o surgimento do Cristo que veio para iluminar todos nós. Ela é cheia de graça.

Oração

Nossa Senhora Aparecida, eu vos saúdo, Santa Mãe, porque fostes escolhida para ser a mãe de nosso Salvador.

Ó Mãe Aparecida, acolhei minha vida que agora consagro a vós e concedei-me a graça que a vós suplico... (dizer a graça desejada).

Pai-nosso.

Ave-Maria.

Glória-ao-Pai.

Jaculatória: Senhora Aparecida, milagrosa padroeira, / sede nossa guia nesta mortal carreira! // Ó Virgem Aparecida, sacrário do Redentor, / dai à alma desfalecida vosso poder e valor. // Ó Virgem Aparecida, alcançai-nos graças na vida, // favorecei-nos na morte!

2º dia

Iniciemos com fé este segundo dia de nossa novena, invocando a presença da Santíssima Trindade: em nome do Pai e do Filho e do Espírito Santo. Amém.

Leitura do Evangelho: Lc 1,38

[...] Eis aqui a serva do Senhor. Aconteça comigo segundo tua palavra.

Reflexão

Maria, como escolhida do Senhor, aceitou receber Jesus, colaborando com Deus na obra de salvação da humanidade. Jesus e Maria são inseparáveis; desde a eternidade eles estavam unidos no pensamento e na vontade de Deus.

Oração

Virgem Mãe Aparecida, vós que escutastes a Palavra de Deus e realizastes sua vontade, dai-me força e coragem para ver e ouvir Deus nos fatos e sinais diários de minha vida.

Ó Mãe poderosa, atendei a minha súplica... (dizer a graça que se deseja alcançar).

Pai-nosso.

Ave-Maria.

Glória-ao-Pai.

Jaculatória: Senhora Aparecida, milagrosa padroeira, / sede nossa guia nesta mortal carreira! // Ó Virgem Aparecida, sacrário do Redentor, / dai à alma desfalecida vosso poder e valor. // Ó Virgem Aparecida, alcançai-nos graças na vida, // favorecei-nos na morte!

3º dia

Iniciemos com fé este terceiro dia de nossa novena, invocando a presença da Santíssima Trindade: em nome do Pai e do Filho e do Espírito Santo. Amém.

Leitura do Evangelho: Lc 1,49

> [...] porque o Poderoso fez por mim grandes coisas: o seu nome é santo.

Reflexão

Maria reconheceu as graças de Deus em sua vida. Semelhante a Maria, vamos estar com o coração aberto para que o Espírito Santo possa fazer, através de nós, grandes coisas.

Oração

Nossa Senhora Aparecida, ensinai-nos a viver o amor e a bondade, fazendo-nos discípulos de vosso Filho amado. Atendei a súplica que vos faço... (fazer o pedido).

Pai-nosso.

Ave-Maria.

Glória-ao-Pai.

Jaculatória: Senhora Aparecida, milagrosa padroeira, / sede nossa guia nesta mortal carreira! // Ó Virgem Aparecida, sacrário do Redentor, / dai à alma desfalecida vosso poder e valor. // Ó Virgem Aparecida, alcançai-nos graças na vida, // favorecei-nos na morte!

4º dia

Iniciemos com fé este quarto dia de nossa novena, invocando a presença da Santíssima Trindade: em nome do Pai e do Filho e do Espírito Santo. Amém.

Leitura do Evangelho: Lc 1,56

Maria ficou com Isabel uns três meses e voltou para casa.

Reflexão

Maria estava grávida, deixou sua casa e foi ajudar Isabel no nascimento de João. Ela carrega consigo aquele que será a salvação de todos nós, mas, em sua humildade, ela é solidária com o próximo.

Oração

Nossa Senhora Aparecida, vós que aparecestes nas águas do Rio Paraíba, despertando a fé em tantas pessoas, despertai em meu coração a vontade de servir ao próximo e ter cada vez mais fé em vosso amado Filho. Alcançai-me a graça de que tanto necessito... (fazer o pedido).

Pai-nosso.

Ave-Maria.

Glória-ao-Pai.

Jaculatória: Senhora Aparecida, milagrosa padroeira, / sede nossa guia nesta mortal carreira! // Ó Virgem Aparecida, sacrário do Redentor, / dai à alma desfalecida vosso poder e valor. // Ó Virgem Aparecida, alcançai-nos graças na vida, // favorecei-nos na morte!

5º dia

Iniciemos com fé este quinto dia de nossa novena, invocando a presença da Santíssima Trindade: em nome do Pai e do Filho e do Espírito Santo. Amém.

Leitura do Evangelho: Lc 1,48

[...] porque olhou para a humildade de sua serva [...].

Reflexão

Nossa Senhora se coloca como a serva do Senhor. Ela é uma pessoa humilde, se diz pequena, mas nela resplandece a esperança de todos nós. Ela é amor, misericórdia e fortaleza de nós todos.

Oração

Querida Nossa Senhora Aparecida, vós sois nossa esperança e consolo. Peço vossa intercessão para o alcance da graça... (falar a graça que se deseja alcançar).

Pai-nosso.

Ave-Maria.

Glória-ao-Pai.

Jaculatória: Senhora Aparecida, milagrosa padroeira, / sede nossa guia nesta mortal carreira! // Ó Virgem Aparecida, sacrário do Redentor, / dai à alma desfalecida vosso poder e valor. // Ó Virgem Aparecida, alcançai-nos graças na vida, // favorecei-nos na morte!

6º dia

Iniciemos com fé este sexto dia de nossa novena, invocando a presença da Santíssima Trindade: em nome do Pai e do Filho e do Espírito Santo. Amém.

Leitura do Evangelho: Jo 2,5

[...] fazei tudo o que Ele vos disser.

Reflexão

Maria foi presença constante na vida de Jesus. Ela quer que escutemos Jesus, colocando seus ensinamentos em nossa vida.

Oração

Nossa Senhora Aparecida, sede nossa intercessora para alcançarmos a paz e alegria que só vosso Filho Jesus pode nos dar. Preciso de vossa intercessão para o alcance da graça de que tanto necessito... (dizer a graça que se deseja alcançar).

Pai-nosso.

Ave-Maria.

Glória-ao-Pai.

Jaculatória: Senhora Aparecida, milagrosa padroeira, / sede nossa guia nesta mortal carreira! // Ó Virgem Aparecida, sacrário do Redentor, / dai à alma desfalecida vosso poder e valor. // Ó Virgem Aparecida, alcançai-nos graças na vida, // favorecei-nos na morte!

7º dia

Iniciemos com fé este sétimo dia de nossa novena, invocando a presença da Santíssima Trindade: em nome do Pai e do Filho e do Espírito Santo. Amém.

Leitura do Evangelho: Jo 15,7

> Se permanecerdes em mim e minhas palavras permanecerem em vós, pedireis tudo o que quiserdes, e vos será dado.

Reflexão

Seguindo os ensinamentos de Jesus, permanecemos com Ele. Amar a Deus significa seguir seus mandamentos e, assim agindo, podemos pedir sua intervenção na certeza de que, na hora certa, seremos atendidos.

Oração

Nossa Senhora Aparecida, rainha e padroeira, ajudai-me a permanecer em Cristo para seguir e proclamar Jesus como nosso único Salvador. Intercedei a Ele para o alcance da graça... (dizer a graça que deseja).

Pai-nosso.

Ave-Maria.

Glória-ao-Pai.

Jaculatória: Senhora Aparecida, milagrosa padroeira, / sede nossa guia nesta mortal carreira! // Ó Virgem Aparecida, sacrário do Redentor, / dai à alma desfalecida vosso poder e valor. // Ó Virgem Aparecida, alcançai-nos graças na vida, // favorecei-nos na morte!

8º dia

Iniciemos com fé este oitavo dia de nossa novena, invocando a presença da Santíssima Trindade: em nome do Pai e do Filho e do Espírito Santo. Amém.

Leitura do Evangelho: Jo 19,26-27

Vendo a mãe e, perto dela, o discípulo a quem amava, Jesus disse para a mãe: "Mulher, aí está o teu filho". Depois disse para o discípulo: "Aí está a tua mãe". E desde aquela hora o discípulo tomou-a sob seus cuidados.

Reflexão

Jesus, na cruz, pronuncia palavras unindo sua mãe e seu discípulo amado. Esta união significa que para sempre Jesus estará conosco, pois Maria é a mãe de todos os que seguem Jesus e continuam a obra dele.

Oração

Nossa Senhora Aparecida, padroeira nossa, vós que participastes de todo o sofrimento de Jesus, olhai para mim com carinho neste difícil momento de minha vida. Enviai sua luz divina para me ajudar a resolver... (falar a graça que se deseja alcançar).

Pai-nosso.
Ave-Maria.
Glória-ao-Pai.
Jaculatória: Senhora Aparecida, milagrosa padroeira, / sede nossa guia nesta mortal carreira! // Ó Virgem Aparecida, sacrário do Redentor, / dai à alma desfalecida vosso poder e valor. // Ó Virgem Aparecida, alcançai-nos graças na vida, // favorecei-nos na morte!

9º dia

Iniciemos com fé este nono dia de nossa novena, invocando a presença da Santíssima Trindade: em nome do Pai e do Filho e do Espírito Santo. Amém.

Leitura bíblica: Sl 27,1

> O Senhor é minha luz e minha salvação: / A quem temerei? // O Senhor é a fortaleza de minha vida: / Perante quem tremerei?

Reflexão

O salmo ressalta que Jesus é tudo em nossa vida. Ele não nos abandona nunca; é nosso escudo de proteção. Ele é o caminho, a verdade e a vida. Ele nasceu de Maria e a ela concedeu poderes. Ela é o nosso consolo.

Oração

Gloriosa Nossa Senhora Aparecida, derramai sobre minha família vossas bênçãos. Ajudai-nos a viver sempre unidos, no respeito mútuo e na paz. Concedei-me a graça que vos peço nesta novena... (dizer a graça).

Eu vos agradeço na certeza de que serei atendido.

Pai-nosso.

Ave-Maria.

Glória-ao-Pai.

Jaculatória: Senhora Aparecida, milagrosa padroeira, / sede nossa guia nesta mortal carreira! // Ó Virgem Aparecida, sacrário do Redentor, / dai à alma desfalecida vosso poder e valor. // Ó Virgem Aparecida, alcançai-nos graças na vida, // favorecei-nos na morte!

Orações a Nossa Senhora Aparecida

1 Para um socorro urgente

Querida mãe, Nossa Senhora Aparecida, vós que nos amais e nos guiais todos os dias; vós que sois a mais bela das mães, a quem eu amo de todo o meu coração. Eu vos peço mais uma vez que me ajudeis a alcançar esta graça... (fazer o pedido). Sei que vós me ajudareis e me acompanhareis sempre, até a hora da minha morte. Amém.

Rezar um Pai-nosso e uma Ave-Maria.

Fazer esta oração três dias seguidos ou três horas sucessivas para os pedidos urgentes.

2 Para afastar todos os males

Ó Virgem Santa, incomparável Nossa Senhora da Conceição Aparecida, mãe de meu Deus, rainha e padroeira do Brasil, advogada dos pecadores, refúgio e consolação dos aflitos e atribulados. Ó Virgem Santíssima, cheia de bondade e poder, lançai sobre nós um olhar favorável para que sejamos socorridos em todas as necessidades em que nos achamos. Assim, pois, senhora, livrai-me de tudo que possa ofender-vos e a vosso divino Filho, meu Redentor e Senhor Jesus Cristo. Virgem bendita, preservai este vosso indigno servo, esta casa e seus habitantes da violência, da fome, da guerra, de tempestades e de outros perigos e males que nos possam atingir.

Soberana Senhora Aparecida, dignai-vos a dirigir-nos em todos os negócios espirituais e temporais; livrai-nos da tentação do demônio para que, trilhando o caminho da virtude, pelos merecimentos da vossa puríssima virgindade e do preciosíssimo sangue de vosso Filho, possamos ver, amar e gozar a eterna glória, por todos os séculos. Amém.

3 Para se ter proteção sempre

Rogamos a Nossa Senhora Aparecida que nos conceda a graça de obter, em nossos dias, saúde, felicidade, bem-estar, paz, união, alegria e amor. Que nossos pensamentos, palavras e ações sejam sempre voltados para o nosso bem e de nossos semelhantes. Amém.

4

Ó Maria, mãe de Jesus e nossa mãe, que em vossa imagem de Aparecida espalhais inúmeros benefícios sobre o Brasil, confiante vos apresento a minha prece. Acolhei-me sob a vossa proteção e livrai-me de todos os males.

Ó Senhora Aparecida, acompanhai o povo brasileiro em suas dificuldades. Amparai a nossa Igreja, iluminai o papa, abençoai os nossos bispos e orientai as nossas comunidades. Protegei os nossos jovens e fazei surgir numerosas vocações religiosas.

Ó Mãe Aparecida, alcançai-nos de vosso Filho Jesus a graça da salvação eterna, ó clemente, ó piedosa, ó doce sempre Virgem Maria. Amém.

5 Oração de apelo

Neste momento de desespero, com o coração em brasas e a cabeça ardente de preocupação, só a ti, Santa Mãe de Jesus, posso recorrer. Nossa Senhora Aparecida, mãe de todos os brasileiros, Senhora Misericordiosa, fazei com que eu seja digno de ter meu pedido atendido... (dizer o pedido). Vinde e derramai luz da sua pureza sobre mim, para que eu seja merecedor de tal graça. Nossa Senhora, querida mãe da purificação, em nome de seu amado Filho Jesus Cristo, eu peço... (fazer novamente o pedido). Nossa Senhora, amada mãe, desejo que a luz da divina pureza, da qual foste a portadora do merecimento de ser a mãe de Cristo, cresça e resplandeça em todo o meu ser e de toda a minha família, especialmente de... (dizer o nome da pessoa para quem está rezando). Que assim seja, em nome de Jesus. Amém.

Ladainha de Nossa Senhora Aparecida

Senhor, tende piedade de nós.
Jesus Cristo, tende piedade de nós.
Senhor, tende piedade de nós.

Jesus Cristo, ouvi-nos.
Jesus Cristo, atendei-nos.

Pai Celeste, que sois Deus, tende piedade de nós.
Deus Filho, redentor do mundo, tende piedade de nós.
Deus Espírito Santo, tende piedade de nós.
Santíssima Trindade, que sois um só Deus, tende piedade de nós.

Santa Maria, rainha dos mártires, rogai por nós.
Nossa Senhora Aparecida, padroeira do Brasil, rogai por nós.
Nossa Senhora Aparecida, mãe da misericórdia, rogai por nós.
Nossa Senhora Aparecida, socorro dos doentes, rogai por nós.
Nossa Senhora Aparecida, rainha da paz, rogai por nós.
Nossa Senhora Aparecida, consolo nosso, rogai por nós.
Nossa Senhora Aparecida, esperança nossa, rogai por nós.
Nossa Senhora Aparecida, refúgio nas aflições, rogai por nós.
Nossa Senhora Aparecida, defensora nossa, rogai por nós.
Nossa Senhora Aparecida, mãe nossa, rogai por nós.
Nossa Senhora Aparecida, mãe da solidariedade, rogai por nós.
Nossa Senhora Aparecida, mãe dos humildes, rogai por nós.

Nossa Senhora Aparecida, mãe da purificação, rogai por nós.
Nossa Senhora Aparecida, mãe de Jesus, rogai por nós.
Nossa Senhora Aparecida, mãe do amparo, rogai por nós.

Cordeiro de Deus, que tirais o pecado do mundo, perdoai-nos, Senhor.
Cordeiro de Deus, que tirais o pecado do mundo, ouvi-nos, Senhor.
Cordeiro de Deus, que tirais o pecado do mundo, tende piedade de nós, Senhor.

Jesus Cristo, ouvi-nos.
Jesus Cristo, atendei-nos.

Rogai por nós, Nossa Senhora Aparecida, padroeira nossa.
Para que sejamos dignos das promessas de Cristo.

EDITORA VOZES LTDA.

Rua Frei Luís, 100 – Centro – Cep 25689-900 – Petrópolis, RJ

Tel.: (24) 2233-9000 – Fax: (24) 2231-4676 – E-mail: vendas@vozes.com.br

UNIDADES NO BRASIL: Belo Horizonte, MG – Brasília, DF – Campinas, SP – Cuiabá, MT
Curitiba, PR – Fortaleza, CE – Goiânia, GO – Juiz de Fora, MG
Manaus, AM – Petrópolis, RJ – Porto Alegre, RS – Recife, PE – Rio de Janeiro, RJ
Salvador, BA – São Paulo, SP